Analyse de l'œuvre

Par Vincent Jooris
et Aurélie Powis de Tenbossche

Le Rouge et le Noir

de Stendhal

Rendez-vous sur lepetitlitteraire.fr et découvrez :

Plus de 1200 analyses
Claires et synthétiques
Téléchargeables en 30 secondes
À imprimer chez soi

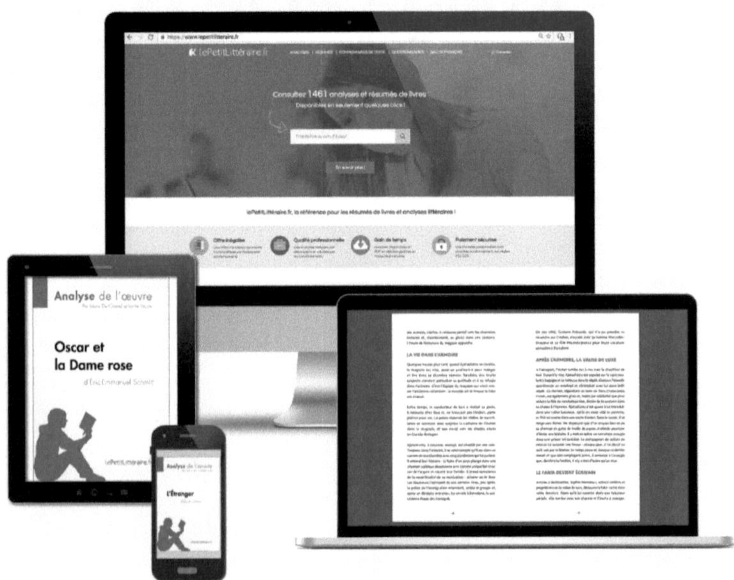

STENDHAL

ÉCRIVAIN ET CRITIQUE D'ART FRANÇAIS

- **Né en 1783 à Grenoble**
- **Décédé en 1842 à Paris**
- **Quelques-unes de ses œuvres :**
    - *Vanina Vanini* (1829), nouvelle
    - *Le Rouge et le Noir* (1830), roman
    - *La Chartreuse de Parme* (1839), roman

Stendhal, de son vrai nom Henri Beyle, nait à Grenoble en 1783 dans une famille bourgeoise. À Paris, sous le Directoire (octobre 1795-novembre 1799), les débats d'idées le passionnent et aiguisent son esprit critique. Rejoignant l'armée de Bonaparte (1769-1821), il découvre l'Italie et l'Allemagne grâce aux campagnes militaires. Après 1815, il devient critique d'art à Milan et compose des ouvrages touristiques qu'il signe de son pseudonyme. Dès 1830, Louis-Philippe (1773-1850) le nomme consul de France à Trieste, puis à Civitavecchia. Il y complète ses romans majeurs (*Le Rouge et le Noir*, *La Chartreuse de Parme*) et une autobiographie (*Vie d'Henry Brulard*, 1835-1836). Une crise d'apoplexie le terrasse en mars 1841 à Paris. Il meurt l'année suivante, laissant nombre de manuscrits inachevés.

LE ROUGE ET LE NOIR

LE DESTIN EXEMPLAIRE DE JULIEN SOREL

- **Genre :** roman
- **Édition de référence :** *Le Rouge et le Noir*, Paris, Larousse, coll. « Petits Classiques », 2008, 671 p.
- **1ʳᵉ édition :** 1830
- **Thématiques :** amour, ambition, initiation, désillusion, adultère, jeunesse, classes sociales

En novembre 1830 est publié *Le Rouge et le Noir*, mais l'œuvre ne rencontre pas le succès qu'on lui connait aujourd'hui.

L'intrigue se déroule de 1826 à 1830 et raconte la relation amoureuse entre Julien Sorel, un jeune séminariste, et Mᵐᵉ de Rênal, une femme plus âgée et incomprise par son mari.

Le titre du livre peut se prêter à plusieurs interprétations. Il évoque, pour certains, l'uniforme militaire (que Julien aurait rêvé de revêtir) et la soutane du prêtre (Julien s'est finalement dédié à une carrière ecclésiastique). D'autres y voient le noir de l'hypocrisie, auquel Julien préfère le rouge du sacrifice. D'aucuns font allusion aux couleurs des jeux de hasard (roulette, cartes) ou aux partis politiques.

RÉSUMÉ

PREMIÈRE PARTIE

Chapitres I-VII

Verrières est une petite ville (imaginaire) de Franche-Comté. Julien Sorel est le troisième fils d'un charpentier. Comme la soif d'instruction de l'enfant lui attire le mépris de son père, le curé Chélan le prend sous son aile : Julien récite avec lui le Nouveau Testament, tout en se passionnant secrètement pour la vie de Napoléon Bonaparte.

Sur les recommandations de l'abbé, M. de Rênal engage ensuite Sorel comme précepteur pour ses enfants. Le jeune homme timide pénètre ainsi dans le monde de la bourgeoisie de province. Mme de Rênal manifeste pour lui un intérêt innocent.

Chapitres VIII-XVII

Lorsqu'Élisa, la femme de chambre des Rênal, bénéficie d'un héritage, elle prétend épouser Julien, mais ce dernier refuse. Soulagée, Mme de Rênal s'étonne de ses sentiments à l'égard du précepteur.

Au château familial de Vergy, Julien entreprend de séduire Mme de Rênal. Il y parvient progressivement, jusqu'à pénétrer dans sa chambre avec succès, malgré sa maladresse. Mme de Rênal oscille entre remords et marques d'affection. Quant à Julien, sa froideur calculée laisse finalement place à de réels sentiments.

Chapitres XVIII-XXIII

Un roi (non nommé) passe à Verrières. Grâce à Mme de Rênal, Julien fait office de garde d'honneur à cette occasion, un privilège qui suscite des soupçons. Sorel observe le manège cérémoniel de l'évêque d'Agde, ce qui ravive son ambition ecclésiastique.

Le plus jeune fils des Rênal tombe malade, réveillant les remords de sa mère. La rumeur de la liaison de cette dernière enfle et une lettre anonyme prévient M. de Rênal. Par une fausse lettre, l'épouse éteint provisoirement les doutes du mari.

Julien dine chez les Valenod, famille rivale des Rênal pour le contrôle de Verrières.

Averti de l'adultère par Élisa, l'abbé Chélan exige que Julien quitte Verrières pour le séminaire de Besançon. Julien accepte, mais promet à Mme de Rênal de venir la voir régulièrement.

Chapitres XXIV-XXVIII

Dans une auberge besançonne, Julien rencontre Amanda Binet. Au séminaire, l'abbé Pirard teste Julien au cours d'un long entretien pendant lequel Sorel s'évanouit. Le jeune homme devient la proie de condisciples envieux. L'abbé Frilair le piège aux examens.

Chapitres XXIX-XXX

Sur le conseil de l'abbé Pirard, le marquis de La Mole engage

Julien comme secrétaire. Une nuit, le jeune homme retourne à Verrières pour revoir Mme de Rênal qui le cache. La nuit suivante, il doit fuir sous les coups de fusil de M. de Rênal.

DEUXIÈME PARTIE

Chapitres I-VI

Julien se rend à Paris chez le marquis de La Mole. Sa fille, Mathilde, déplait fortement à Sorel. Un quiproquo amène Julien à provoquer un chevalier en duel et, pour sauver l'honneur de son rang, le chevalier laisse croire que Julien est le fils naturel du marquis.

Chapitres VII-XX

M. Valenod devient le nouveau maire de Verrières. Le marquis de La Mole, déjà très courtois, se montre alors encore plus familier avec Julien. Mathilde, promise au marquis de Croisenois (un de ses nombreux prétendants), imagine la vie d'ennui qui l'attend.

Un bal se donne à l'hôtel de Retz. Les propos politiques de Julien attirent Mathilde qui apprécie son originalité. À plusieurs reprises, les deux jeunes gens discutent. Julien lui laisse entrevoir ses convictions révolutionnaires. Mathilde tombe alors amoureuse du jeune homme tandis que celui-ci se méfie d'elle. Par une lettre, Mathilde lui fixe un rendez-vous. Après avoir hésité, il s'y rend et la conquiert. Il s'agit davantage d'un amour « de tête » que d'un amour-passion. La vie du couple alterne entre brouilles et réconciliations, entre joies et déceptions.

Chapitres XXI-XXVIII

Le marquis de La Mole charge Julien d'une mission : être secrétaire lors d'une réunion d'aristocrates conspirateurs monarchistes et remettre un rapport à Strasbourg. Lorsqu'il se rend dans cette ville, Julien écoute les conseils du prince Korasoff en matière de stratégie amoureuse. De retour à Paris, Sorel courtise et correspond avec la maréchale de Fervaques, la « proie » qu'il s'est choisie. Il recopie les lettres d'amour que Korasoff lui a données en exemple. Lors d'un diner chez la maréchale, Julien croise Mathilde qui l'avait presque oublié. Le voyant faire la cour à Mme de Fervaques, Mathilde s'énamoure à nouveau de lui.

Chapitres XXIX-XXXIV

Mathilde revoit Julien. Surprenant son manège épistolaire avec la maréchale, elle s'énerve, puis regrette d'avoir fait souffrir Julien par son orgueil. Sorel affecte la froideur, puis reconquiert Mathilde.

Mathilde annonce à son père qu'elle est enceinte ; le marquis est furieux. Julien fuit. Finalement, M. de La Mole se résout à prendre certaines mesures : il anoblit Sorel et lui obtient le grade de lieutenant de hussards. Le jeune homme jubile. Mais le marquis évite toujours d'aborder la question du mariage.

Chapitre XXXV

Le confesseur de Mme de Rênal l'incite à envoyer une lettre au marquis, dans laquelle elle dénonce l'ambition immorale de Julien. Toute possibilité de mariage avec Mathilde est donc annulée. Dans un accès de colère, Sorel se précipite à Verrières. En pleine messe, il tire deux fois sur Mme de Rênal. Le jeune homme est arrêté.

Chapitre XXXVI-XLV

Emprisonné à Besançon, il apprend que Mme de Rênal a survécu. Paradoxalement, Julien l'en aime davantage et regrette d'avoir attenté à sa vie.

Il réfléchit aussi au sort de Mathilde et de son enfant : il l'enjoint d'épouser Croisenois. Mathilde tente de le sauver par diverses tentatives : elle se rend notamment chez l'abbé Frilair, qui lui assure pouvoir influencer les jurés et le ministère public ; en échange, l'abbé espère le poste d'évêque. L'abbé Chélan et Fouqué rendent visite à Julien. Celui-ci refuse de voir son père. Mme de Rênal écrit aussi aux jurés, requérant leur indulgence.

Julien ne se sent plus la force de l'ambition. Il néglige sa défense et sa plaidoirie n'est qu'une accusation de la classe bourgeoise : le procès le condamne donc à mort.

Mathilde veut qu'il fasse appel, il refuse ; Mme de Rênal le lui demande, il accepte. Mathilde est dépressive. Sorel accepte finalement de voir son père. Julien refuse que Mme de Rênal sollicite la grâce du roi. Il affronte la mort avec résolution et est exécuté.

Mathilde ensevelit la tête de Julien. Mme de Rênal meurt trois jours après.

ÉTUDE DES PERSONNAGES

JULIEN SOREL

Julien est un jeune provincial issu d'une famille pauvre et dépourvue d'éducation. Sans cesse brimé par son père et ses deux frères ainés, il se sent à l'écart. Son gout pour la culture et la douceur de son caractère le rendent inapte au travail manuel et lui valent d'être incompris voire exécré par son entourage familial.

Le héros est d'ailleurs décrit différemment des autres hommes de Verrières : « C'était un petit jeune homme de dix-huit à dix-neuf ans, faible en apparence, avec des traits irréguliers, mais délicats, et un nez aquilin. » (p. 25) Sa petite taille, son apparente fragilité et sa sensibilité se révèleront utiles pour séduire les femmes de la haute société. En effet, son physique, à première vue inoffensif, rassure Mme de Rênal, et la fierté qui se décèle dans ses yeux suscite l'intérêt de Mathilde : « Son œil est plein d'un feu sombre ; il a l'air d'un prince déguisé ; son regard a redoublé d'orgueil. » (p. 298)

Julien regrette l'époque napoléonienne et rêve de s'élever dans la société par son seul mérite. Ses vastes connaissances ainsi que ses conquêtes amoureuses lui permettent de gravir progressivement les échelons sociaux, mais ses origines modestes l'empêchent d'exprimer sa véritable personnalité. Pour évoluer parmi les bourgeois et les nobles qu'il méprise, il doit donc recourir à la dissimulation.

En société, Julien joue un rôle et prend garde à ne pas trahir ses véritables émotions. Les monologues intérieurs, dont le roman est parsemé, permettent d'ailleurs au lecteur de connaitre les véritables pensées du personnage. Lorsque le jeune homme peut s'évader de la vie mondaine, lors de séjours chez son ami Fouqué ou pendant la durée de son incarcération, il se sent libéré du poids des apparences. Il vit donc son emprisonnement et sa condamnation à mort comme une délivrance. La solitude l'apaise et lui permet de faire le point. Le bonheur d'une vie paisible était à sa portée, mais son ambition dévorante a provoqué sa chute. Libéré des conventions sociales, il peut enfin être lui-même auprès de Mme de Rênal. Il choisit d'ailleurs de mourir en accord avec ses valeurs plutôt que de charmer la Cour par de faux discours.

Julien est un personnage en conflit avec son époque. Souhaitant ardemment réparer l'injustice de sa naissance, il brille en société mais doit masquer ses véritables senti-ments. Finalement, la mort le libère des faux-semblants. Il n'aura plus à choisir entre raison et passion.

LA FAMILLE DE JULIEN

La famille de Julien est présentée comme violente et inculte. Son père, charpentier franc-comtois, considère son fils cadet comme une charge indésirable. Il n'hésite pas à le maltraiter et regarde son intérêt pour la lecture avec hosti-lité. Ses frères ne sont guère plus tendres. Colosses ignares bâtis pour le travail manuel, ils sont décrits comme l'exact opposé de Julien, frêle et cultivé.

Ces liens de parenté soulignent la différence, tant physique qu'intellectuelle, qui existe entre notre héros et son milieu familial. Les connaissances et la sensibilité de Julien le condamnent à être rejeté par son père. Quant à ses origines paysannes, elles le vouent à n'être jamais totalement accepté par la haute société qui finira d'ailleurs par ordonner son exécution.

MME DE RÊNAL

Au début du récit, Mme de Rênal incarne l'épouse modèle. Elle mène une vie paisible de provinciale aisée. Le temps qu'elle consacre à ses enfants lui évite de réaliser qu'elle s'ennuie auprès de son mari. Elle est décrite comme une belle femme d'environ trente ans.

> « C'était une femme grande, bien faite, qui avait été la beauté du pays, comme on dit dans ces montagnes. Elle avait un certain air de simplicité et de la jeunesse dans la démarche ; aux yeux d'un Parisien, cette grâce naïve, pleine d'innocence et de vivacité serait même allée jusqu'à rappeler des idées de douce volupté. [...] Ni la coquetterie ni l'affectation n'avaient jamais approché de son cœur. » (p. 21)

Les hommes de Verrières sont sensibles à son charme. Dans son innocence, elle ne leur prête pas attention, les considérant pour la plupart comme de grossiers personnages uniquement préoccupés par des questions d'argent.

L'arrivée de Julien la révèlera sous un autre jour. Le jeune précepteur ne ressemble pas aux hommes que Mme de Rênal a l'habitude de fréquenter. Sa douceur et son physique lui confèrent une certaine féminité. De plus, les relations qu'il tisse avec ses pupilles favorisent son intégration à l'univers de Mme de Rênal.

Très vite, les deux amants exercent une influence l'un sur l'autre. En effet, Mme de Rênal apprend les bonnes manières à Julien tandis qu'il lui enseigne l'art de la duplicité, comme en atteste l'épisode de la fausse lettre qu'elle confie à son mari. Au fil des pages, le personnage de Mme de Rênal, si simple en apparence, s'étoffe et acquiert une personnalité plus complexe. Des sentiments contradictoires l'animent : elle est partagée entre son amour pour Julien et la culpabilité que cet amour fait naitre.

Après le départ du jeune homme, elle se perd dans la religion et cherche à se repentir. Cependant, la jalousie finit par l'emporter. Sur les conseils prétendument moraux de son confesseur, elle écrit au marquis de La Mole pour dénoncer le comportement de Julien. Cet acte, digne d'une femme amoureuse qui veut se venger de son amant infidèle, causera sa perte et celle de Julien. Elle ne survivra pas à son amant. Emportée par la passion, elle meurt en digne héritière des héroïnes romantiques.

Mme de Rênal est donc un personnage qui évolue au contact des autres. Elle passe de l'épouse soumise à la maitresse prête à tout sacrifier pour son amant, y compris sa vie et l'amour qu'elle porte à ses enfants. Douce, discrète et plus âgée, elle est d'ailleurs dépeinte comme l'opposé de Mathilde, orgueilleuse, jeune et avide d'attirer l'attention.

MATHILDE

Alors que la première partie de l'ouvrage est consacrée à la relation entre Julien et Mme de Rênal, Mathilde de La Mole intervient dans la seconde partie. Orgueilleuse, elle porte un regard sarcastique sur le comportement des individus qui ne la satisfont pas, comme en témoigne ces quelques mots : « [D]e tels êtres [ses prétendants] ne lui semblaient pas faits pour la comprendre ; elle les eût consultés s'il eût été question d'acheter une calèche ou une terre. » (p. 356)

Personnage énergique et exigeant, elle admire l'héroïsme et l'engagement, raison pour laquelle elle s'énamoure de Julien. De son côté, Sorel ne commence à s'intéresser à elle que parce qu'elle est au centre des préoccupations de par son hypocrisie et son orgueil.

> « Julien [...] croyait à Mlle de La Mole la duplicité de Machiavel. Cette scélératesse prétendue était un charme à ses yeux, presque l'unique charme moral qu'elle eût. L'ennui de l'hypocrisie et des propos de vertu le jetait dans cet excès. Il excitait son imagination plus qu'il n'était entraîné par son amour. » (p. 348)
>
> « J'ai su me faire aimer de ce monstre d'orgueil. » (p. 482)

Elle se révèle être le double féminin de Julien. Ils voient l'un en l'autre un égal ou un rival, ce qui explique leurs mouvements d'attraction-répulsion et leurs comportements contradictoires. Par contre, lors de son incarcération, l'attitude de Mathilde suscite le dédain de Julien.

M. DE RÊNAL

M. de Rênal, le maire du village, approche de la cinquantaine. C'est un bourgeois aisé dont la fortune vient de sa fabrique de clous. Imbu de sa personne, il s'intéresse davantage à ses affaires qu'à sa femme.

Son pouvoir financier et politique en font une figure importante à Verrières. Il n'en reste pas moins un petit provincial aux centres d'intérêt vulgaires qui cherche à imiter l'aristocratie parisienne, d'autant plus que son titre de noblesse semble être sujet à caution. Il incarne la petitesse, à l'inverse de Julien qui rêve de gloire et de grands sentiments.

M. VALENOD

Directeur du dépôt de mendicité, Valenod seconde M. de Rênal dans la gestion de Verrières et lui envie à la fois son pouvoir et sa femme. Bourgeois, il est lui aussi obsédé par l'argent, à tel point qu'il en devient médiocre et grossier même aux yeux de M. de Rênal.

Valenod est présenté comme un personnage laborieux et actif qui n'a honte de rien et qui ignore les moindres délicatesses.

Sa taille, plus grande que la moyenne, marque un contraste avec l'étroitesse de son esprit. Julien, qui en comparaison est plus petit que lui, possède un caractère d'une plus grande noblesse. Ces oppositions, constantes tout au long de l'histoire ne sont d'ailleurs pas sans rappeler le titre du roman, empreint de dualité.

LE CURÉ CHÉLAN

Chélan, le curé de Verrières, représente une figure paternelle pour Julien. Il assure l'instruction du jeune héros et l'aide ensuite à obtenir le poste de précepteur pour les enfants Rênal.

Mis au courant de la liaison qu'entretient Julien avec Mme de Rênal, il incite son protégé à partir pour Besançon. Le héros y fait la connaissance de l'abbé Pirard, un ami de Chélan, qui devient à son tour son bienfaiteur lors de ses études au séminaire.

FOUQUÉ

Fouqué n'a pas été pourvu d'un physique gracieux mais il est droit et généreux. Provincial préférant vivre à l'écart du monde, il travaille à son propre compte et affectionne sa liberté. Le commerce du bois lui permet de gagner sa vie honnêtement. Loin des ambitions démesurées de Sorel, Fouqué se veut raisonnable et discret. Il ne fantasme pas sur sa grandeur future, mais semble se satisfaire d'une existence paisible.

Présent dès le début du livre, c'est un camarade sur qui Julien peut compter. En effet, il fait tout pour sauver son ami et lui éviter la peine capitale, allant jusqu'à plaider sa cause auprès du vicaire de Frilair. À la fin, il pleure sincèrement la mort de Julien.

LE MARQUIS DE LA MOLE

Le marquis de La Mole appartient à la haute aristocratie. Vieillard aimable, il engage Julien comme secrétaire et prend rapidement conscience du potentiel du jeune homme. Il lui accorde d'ailleurs une grande confiance et se montre disposé à le laisser épouser sa fille Mathilde, avant de recevoir la lettre de dénonciation de Mme de Rênal. Le marquis est dépeint comme un personnage accueillant et fait figure de père symbolique pour Julien, prenant la relève du chirurgien major, de l'abbé Chélan et de l'abbé Pirard.

Tous les aristocrates ne sont donc pas présentés sous des traits caricaturaux mais possèdent chacun, à des degrés divers, une certaine individualité. Les quelques amis de Julien (le marquis, le prince Korasoff, le comte Altamira) sont très différents des jeunes nobles aux préoccupations futiles qui gravitent autour de Mathilde.

CLÉS DE LECTURE

UN RÉALISME SUBJECTIF

Le réalisme est un courant littéraire et artistique qui a vu le jour au milieu du XIXe siècle. Les écrivains réalistes cherchaient à décrire la réalité telle qu'elle était. Pour ce faire, Balzac (1799-1850), notamment, dépeignait scrupuleusement et avec le plus d'objectivité possible l'environnement social dans lequel ses personnages évoluaient.

Stendhal, bien qu'il soit du début du siècle, se rapproche des réalistes par sa peinture précise d'un milieu social. En outre, il s'est inspiré de l'actualité judiciaire pour écrire la trame de son histoire, procédé réaliste également : les cas d'Antoine Berthet et d'Adrien Lafargue, meurtriers de leurs maitresses respectives, fournissent la matière première de l'intrigue.

Cependant, il se distingue aussi des réalistes par le fait que, dans ses récits, la réalité n'est perçue qu'à travers le regard des protagonistes. En effet, dans *Le Rouge et le Noir*, le lecteur découvre le monde avec les yeux de Julien et il n'en sait que ce que Sorel en retient.

Aussi, comme Montesquieu (1689-1755) dans les *Lettres persanes* et Voltaire (1694-1778) dans *L'Ingénu*, Stendhal plonge son héros dans une société où il se sent étranger : le regard naïf que ce dernier jette sur les institutions en place engendre dès lors une satire de la société. Stendhal adopte donc un « réalisme critique ».

De fait, cette « Chronique du XIXe siècle » (sous-titre du roman) représente la société de la Restauration où s'affrontent et règnent en maitres :

- la bourgeoisie (symbolisée par Verrières), enrichie et réactionnaire ;
- le clergé (Besançon), dont l'ingérence ne connait pas de limites ;
- et l'aristocratie (Paris), imbue de ses privilèges.

Or la nouvelle génération souhaite, elle aussi, sa part de gloire, d'ambition et de force, elle qui a grandi pendant les guerres napoléoniennes et qui a vu le retour des Bourbons. Mais les perspectives d'ascension rapide lui sont fermées dans cette société gérontocratique qui refuse les idées neuves. Le cas de Julien témoigne donc de l'expérience de toute une partie de la jeunesse française de l'époque. C'est là toute « [l]a vérité, l'âpre vérité » qu'évoque la citation de Danton (homme politique français, 1759-1794), épigraphe de la première partie du roman : Stendhal veut rendre compte de la vérité d'une époque qui ne laisse pas d'autre voie à l'ambition des jeunes que l'armée ou la religion.

UN ROMAN DE FORMATION

Le Rouge et le Noir peut être lu comme un roman d'apprentissage. En effet, tout au long du récit, le héros évolue et progresse au contact des autres personnages. Il découvre les bonnes manières à Verrières puis parfait son éducation au séminaire et à Paris. Il s'initie à la séduction et aux relations amoureuses avec Mme de Rênal et Mathilde. Enfin, la solitude de sa cellule lui permet de remettre en question ses valeurs. La course à la renommée laisse finalement place à la recherche d'un bonheur spirituel plus stable.

La formation de Julien commence à Verrières sous la direction bienveillante du vieux chirurgien major qui lui enseigne le latin et l'histoire et qui a la bonté de lui léguer ses livres. Le curé Chélan prend le relai en lui inculquant des notions de théologie. Quand notre jeune héros arrive chez les Rênal, il se révèle être un garçon instruit mais maladroit. La façon de s'habiller, l'attitude à adopter lors des repas et des réceptions sont autant de règles de bienséance qu'il doit assimiler.

Julien dispose d'une remarquable faculté d'acclimatation, et, après quelques faux pas, il a tôt fait de s'intégrer à son nouvel environnement, allant même jusqu'à briller lors d'un diner chez les Valenod. Julien est un autodidacte qui apprend en observant la société qui l'entoure. Néanmoins, il reçoit aussi l'aide de précieux alliés comme Mme de Rênal en province et le marquis de La Mole à Paris.

Le séminaire force Julien à développer des manières feintes et hypocrites pour survivre dans un univers où l'intelligence n'est pas regardée d'un bon œil. Quant aux salons de Paris, ils parachèvent la transformation du fils de paysan en homme du monde.

Julien ne se contente pas de gravir les échelons de la société en s'en remettant au seul mérite de son intelligence, il joue aussi au donjuan. Au départ, il ignore tout de l'amour. Il se met toutefois au défi de séduire Mme de Rênal et plus tard

Mathilde de La Mole. Ses conquêtes sont liées à son désir d'ascension sociale. Chaque femme séduite constitue une avancée vers la réussite.

Cependant, le jeune héros n'apprend pas qu'à charmer les dames, la sexualité fait également partie intégrante de son initiation. Il découvre comment se faire désirer, en s'inspirant des conseils du prince Korasoff, mais ose aussi révéler une part de son moi intime lorsqu'il est en présence de Mme de Rênal ou de simples amis tels que Fouqué et le comte Altamira.

L'éducation de Julien s'achève lors de son séjour en prison. C'est le moment de faire le bilan. Éloigné du regard des autres qu'il craignait tant, le héros peut se livrer à une introspection. Dans la solitude, il goute au vrai bonheur et découvre la sincérité de ses sentiments pour Mme de Rênal. Il fuit même la compagnie de Mathilde, qui, par son besoin d'exhiber sa douleur et de se donner en spectacle, trouble le repos de son âme. Sa poursuite de la gloire et son ambition dévorante n'étaient que chimères. Le constat est sans appel : sa démesure l'a fait passer à côté d'une existence paisible et heureuse.

Julien apparait donc comme un personnage tiraillé entre les contraires : passion et calculs, arrivisme et idéaux, origines modestes et vastes connaissances... La mort viendra concilier ces traits de caractère si peu compatibles et pourtant profondément humains.

L'AMBITION DE JULIEN

Julien Sorel espère s'extraire de sa condition et rêve d'ascension sociale. Sans relation, il ne bénéficie que de son intelligence. Mais, pour inspirer ses actes, Sorel dispose aussi de deux références :

- **Napoléon Ier**. Julien a lu le *Mémorial de Sainte-Hélène* de Las Cases (écrivain français, 1766-1842) et possède un portrait de l'empereur. Pour lui, Bonaparte constitue un modèle de réussite : il s'agit d'un jeune homme assez pauvre mais audacieux qui s'est élevé dans la société par son seul mérite. Stendhal, tout comme Julien Sorel, son héros, est bonapartiste ; il évoque d'ailleurs également Napoléon dans *La Chartreuse de Parme* ;
- **Tartuffe**. Ce personnage de Molière (auteur dramatique français, 1622-1673) est un faux dévot, dont l'humilité feinte cache une agressive ambition.

Pour s'élever, le jeune homme adopte un programme basé sur l'hypocrisie : il ne révèle pas ses sentiments réels et encore moins ses intentions, et ses actes ne correspondent pas à ses pensées. Il porte en outre un regard cynique sur le monde. D'une certaine façon, cela relève de la légitime défense.

Aussi, pour gravir les échelons de la hiérarchie sociale, la carrière ecclésiastique lui semble-t-elle être un bon moyen (p. 32-33). En devenant précepteur des Rênal, il commence par s'introduire dans la bourgeoisie de province. Ensuite, au service du marquis, il s'infiltre dans l'aristocratie. Mais, secrètement, il ne peut s'empêcher de maudire son nouvel entourage, représentatif de la haute société dont il se sent exclu. Ainsi, sortant du diner des Valenod, après les basses mondanités et les plates conversations, il peste : « Ah ! canaille ! canaille ! » (p. 156)

Dans son ambitieuse entreprise, les conquêtes féminines ont également leur importance. Julien voit la séduction comme une bataille militaire, dont il emploie d'ailleurs le vocabulaire. Au départ, il ne laisse aucune place aux sentiments. D'une nuit passée avec une maitresse, il ne conçoit d'abord d'autre plaisir que celui du devoir accompli. Des scrupules risquant en effet d'émousser sa volonté et de le détourner de son objectif, il refuse d'éprouver le moindre sentiment. D'ailleurs, Julien énonce les règles qu'il se donne, mais précisons que si Julien Sorel ressent le besoin d'énoncer de tels principes, c'est parce qu'il ne dispose pas d'une hypocrisie naturelle.

LES ERREURS DE JULIEN

Si, en théorie, l'objectif de Julien semble bien tracé, la réalité s'avère très différente de ce qu'il avait prévu. En effet, la machine qu'il a lancée ne peut s'arrêter, et les péripéties se succèdent. Ses erreurs le menant toujours plus loin :

- au fil de l'histoire, Julien se révèle plus ingénu qu'il ne le voudrait. Avec un grand étonnement, le jeune homme timide découvre les hideux rouages cachés par le vernis des milieux qu'il traverse. Avec candeur, il applique à la lettre les conseils du prince Korasoff en matière de séduction ;

- plusieurs quiproquos parcourent le récit (dont l'épisode du duel). Ceux-ci suscitent des imprévus parfois embarrassants et éloignent Julien de sa logique initiale ;
- en arrivant chez le marquis, Julien s'attendait à constater encore plus d'ostentation et d'arrogance que chez M. de Rênal. Il pense avoir affaire à un véritable ennemi de classe. Or les prévenances et la familiarité de M. de La Mole font flancher les certitudes de Julien. Cela menace sa résolution ;
- Julien n'est pas un donjuan et, voulant jouer les séducteurs, il est pris à son propre piège. L'orgueil de posséder et d'être admiré ne le satisfait pas vraiment, surtout avec Mme de Rênal. Il ne peut s'interdire d'aspirer au bonheur de la tendresse. À la fin de son existence, il découvre le vrai sens de la vie ;
- Julien n'est pas naturellement doué pour la dissimulation. Il est sensible et susceptible, maladroit, imprudent, étourdi et exalté. Il canalise mal son agressivité. C'est pour cette raison qu'il doit se remémorer ses préceptes tartuffes. Déjà chez les Valenod, il laisse transparaitre son émotion et, au séminaire, il se singularise par son inaptitude à la sournoiserie. Le meurtre manqué de Mme de Rênal illustre bien l'impulsivité de l'amant. Au procès, enfin, il préfère pousser une harangue révolutionnaire plutôt qu'un discours cauteleux qui lui éviterait d'avoir la tête tranchée. L'ambition de Julien ne peut masquer qui il est : Sorel n'est pas Rastignac ! « C'est le roman d'un Tartuffe raté, et qu'il soit raté le rend moins antipathique. »

UNE ÉCRITURE RAPIDE ET NATURELLE

Stendhal écrit vite, au fil des mots qui lui viennent. Selon lui, la rapidité d'exécution garantit la simplicité, la clarté et la fluidité du texte ; une opinion qu'atteste une lettre destinée à sa sœur Pauline. Cette manière d'écrire a des effets tant sur le fond que sur la forme de son roman :

- cela rend tout d'abord le contenu vraisemblable. Stendhal voit *Le Rouge et le Noir* comme une chronique dans laquelle les évènements s'enchainent sans retour. Il ne planifie pas à l'avance les détails de chaque chapitre, et les oublis sont réparés en cours de route. Par exemple, pour expliquer la familiarité soudaine du marquis avec Julien, le narrateur prétexte après coup : « Le lecteur est peut-être surpris de ce ton libre et presque amical ; nous avons oublié de dire que depuis six semaines le marquis était retenu chez lui par une attaque de goutte. » (p. 297) Immobilisé, M. de La Mole n'a donc rien de mieux à faire que de discuter avec son secrétaire. Paradoxalement, cette approche confère à la narration un caractère naturel ; on ne perçoit pas un montage sous-jacent trop bien arrangé comme chez Balzac, Zola ou Proust ;
- cela affecte également la description des décors. Les longs tableaux sont volontairement rares dans ce récit. Certes, Stendhal conçoit que les romans historiques nécessitent de dépeindre la réalité matérielle de la période ressuscitée, mais *Le Rouge et le Noir* n'est pas un roman historique, le lecteur est contemporain des faits. Cela lui permet de se concentrer sur l'action elle-même ;
- la description des personnages s'en voit aussi modifiée

puisque le narrateur ne les présente pas d'emblée, à la différence des trois écrivains susmentionnés qui en donnent toutes les caractéristiques avant leur entrée en scène. Stendhal, qui cherche un rythme naturel, ne peut se permettre de suspendre intempestivement l'action pour nommer et définir les personnages.

La syntaxe est également touchée :

- Stendhal interrompt rarement le flot d'une phrase. La virgule remplace facilement tout signe (point-virgule, parenthèse et même point). Il supprime également les guillemets pour rendre compte des pensées et des dialogues (sans tirets) ;
- dans le même ordre d'idées, peu de conjonctions balisent son texte. La causalité qui lie deux phrases peut se comprendre sans elles. Dès lors, nul besoin de recourir aux traditionnels « donc », « en effet », « parce que » ou encore « c'est pourquoi » ;
- l'auteur privilégie les verbes à l'actif. Il exclut donc les participes présents et tout ce qui alourdit le flux des mots ;
- enfin, cette technique d'écriture entraine quelques négligences, que Stendhal lui-même se reprochera plus tard. Écrire vite, c'est bien ; écrire trop vite, c'est risqué. Dans sa hâte, l'auteur bâcle en effet certains passages. Lui que l'emphase répugne véhicule quelques clichés : « Ce sourire a porté un jour fatal dans l'âme » (première partie, chapitre I) ; « la cruelle nécessité, avec sa main de fer, plia la volonté de Julien » (première partie, chapitre XXIII), etc. ;

- des répétitions dues à l'inattention sont également perceptibles. Entre autres exemples, le même extrait shakespearien sert d'épigraphe à deux chapitres, on dit que « Julien se sentait humilié », puis qu'il subit le « silence le plus humiliant » (première partie, chapitre VII) ou encore on déclare que « son œil regardait sans voir » et ensuite qu'« il regardait sans voir » (première partie, chapitre XXVIII). Cependant, ces quelques faiblesses ne gâchent pas un style naturel, sincère et familier.

RÉCEPTION DE L'ŒUVRE

Lorsque *Le Rouge et le Noir* parait en 1830, le roman fait scandale tant en raison de sa nouveauté formelle que de son contenu, jugé immoral. L'œuvre se présente comme une chronique, un livre qui se charge de retracer les mœurs d'une époque. La situation politique occupe donc une place centrale dans le récit puisque la Restauration voue à l'échec les ambitions de ceux que la naissance n'a pas favorisés.

Les lecteurs de l'époque n'avaient bien sûr pas de recul historique pour aborder ce livre. Ils y ont vu une description de leurs propres travers, voire une critique de leur société. Dès lors, il n'est pas étonnant que le sujet ait déplu à certains. Le pessimisme du roman a également fait polémique. Stendhal dépeint un monde sans espoir pour la jeunesse contrainte au silence ou à la dissimulation. La littérature ne nous plonge plus dans un univers onirique, mais nous montre la réalité sous un jour défavorable.

Les défauts des personnages ont eux aussi suscité de vives réactions. Au XIXe siècle, Julien n'était pas perçu comme un jeune homme sensible qui s'insurge contre une société injuste. C'est son caractère froid, immoral et calculateur qui frappait le lecteur et le glaçait d'horreur. La complexité de la narration et les réactions contradictoires des héros troublaient les esprits, habitués à des personnalités plus lisses.

Il aura donc fallu plusieurs décennies pour que *Le Rouge et le Noir* devienne le classique que l'on connait aujourd'hui. Son caractère novateur n'a pas fait l'unanimité à l'époque de sa parution, mais il a su interpeler les lecteurs actuels, fascinés par l'univers empreint de dualité qu'avait élaboré Stendhal.

PISTES DE RÉFLEXION

QUELQUES QUESTIONS POUR APPROFONDIR SA RÉFLEXION...

- Le roman se divise en deux parties. Qu'est-ce qui les distingue et qu'est-ce qui les rapproche ?
- À quels moments Julien utilise-t-il une échelle ? Comparez ces épisodes.
- Dans le chapitre XIX de la deuxième partie, Stendhal laisse une ligne de points au lieu de raconter ce qui se passe : à votre avis, pourquoi emploie-t-il ce procédé ?
- *Le Rouge et le Noir* comporte peu de références historiques précises. Pourquoi, selon vous ?
- À plusieurs reprises, Stendhal écrit certains mots en italique ou les place entre guillemets. Quelle en est la raison ? Soutenez votre propos par des exemples tirés du texte.
- Par le thème du complot et la déclaration solennelle de Julien à son procès, à quels évènements historiques Stendhal fait-il allusion ?
- Si vous aviez été juré, auriez-vous condamné Julien Sorel à la peine capitale ? Expliquez votre position.
- Quelles ressemblances *Le Rouge et le Noir* entretient-il avec *La Chartreuse de Parme*, l'autre grand roman de Stendhal (trame, vision de la femme, caractérisation du héros, etc.) ?
- Quelles similitudes pourrait-on établir entre *Le Rouge et le Noir* et *Madame Bovary* de Flaubert ?
- En quoi le récit de Stendhal se distingue-t-il de *La Princesse de Clèves* de Mme de La Fayette et de *La Nouvelle Héloïse* de

Rousseau ?

Votre avis nous intéresse !
Laissez un commentaire sur le site de votre librairie en ligne
et partagez vos coups de cœur sur les réseaux sociaux !

POUR ALLER PLUS LOIN

ÉDITION DE RÉFÉRENCE

- Stendhal, *Le Rouge et le Noir*, Paris, Larousse, coll. « Petits Classiques », 2008.

ÉTUDES DE RÉFÉRENCE

- Beaumarchais J.-P. de et Couty D. (dir.), *Dictionnaire des grandes œuvres de la littérature française*, Paris, Larousse-VUEF, 2001.
- Berthier P., « Fouqué ou l'ami offusqué », in *Le Bonheur de la littérature*, Paris, PUF, 2005, p. 191-200.
- Claudon F., « Stendhal », in Polet J.-C. (dir.), *Patrimoine littéraire européen. 10. Gestation du romantisme*, Bruxelles, De Boeck Université, 1998.
- Dantzig C., *Dictionnaire égoïste de la littérature française*, Paris, Grasset, 2005.
- Fernandez D., *Dictionnaire amoureux de Stendhal*, Paris, Plon-Grasset, 2012.
- Kaplansky J., Le Rouge et le Noir *de Stendhal : roman d'apprentissage et d'initiation*, Mémoire de master en langues et littératures françaises, Montreal, McGill University, 1985.
- Klein C. et Lidsky P., Le Rouge et le Noir. *Stendhal*, Paris, Hatier, coll. « Profil d'une œuvre », 1971.
- Scott M. C., *Stendhal, la liberté et les héroïnes mal aimées*, Paris, Classiques Garnier, 2015.

SUR LEPETITLITTÉRAIRE.FR

- Commentaire portant sur la scène du bal du *Rouge et le Noir*.
- Fiche de lecture sur *La Chartreuse de Parme* de Stendhal.
- Fiche de lecture sur *Les Cenci* de Stendhal.
- Fiche de lecture sur *Vanina Vanini* de Stendhal.

www.lepetitlitteraire.fr/

ISBN version numérique : 978-2-8062-9069-4
ISBN version papier : 978-2-8062-9070-0
Dépôt légal : D/2016/12603/830

Avec la collaboration d'Aurélie Powis pour les analyses de Julien Sorel, Mme de Rênal, de la famille de Julien, de M. de Rênal, M de Valenod, du curé Chélan, de Fouqué et du marquis de La Mole, ainsi que pour les chapitres « Un roman de formation » et « Réception de l'œuvre ».

Conception numérique : Primento,
le partenaire numérique des éditeurs.

Ce titre a été réalisé avec le soutien de la Fédération Wallonie-Bruxelles, Service général des Lettres et du Livre.

Retrouvez notre offre complète sur lePetitLittéraire.fr

- des fiches de lectures
- des commentaires littéraires
- des questionnaires de lecture
- des résumés

ANOUILH
- Antigone

AUSTEN
- Orgueil et Préjugés

BALZAC
- Eugénie Grandet
- Le Père Goriot
- Illusions perdues

BARJAVEL
- La Nuit des temps

BEAUMARCHAIS
- Le Mariage de Figaro

BECKETT
- En attendant Godot

BRETON
- Nadja

CAMUS
- La Peste
- Les Justes
- L'Étranger

CARRÈRE
- Limonov

CÉLINE
- Voyage au bout de la nuit

CERVANTÈS
- Don Quichotte de la Manche

CHATEAUBRIAND
- Mémoires d'outre-tombe

CHODERLOS DE LACLOS
- Les Liaisons dangereuses

CHRÉTIEN DE TROYES
- Yvain ou le Chevalier au lion

CHRISTIE
- Dix Petits Nègres

CLAUDEL
- La Petite Fille de Monsieur Linh
- Le Rapport de Brodeck

COELHO
- L'Alchimiste

CONAN DOYLE
- Le Chien des Baskerville

DAI SIJIE
- Balzac et la Petite Tailleuse chinoise

DE GAULLE
- Mémoires de guerre III. Le Salut. 1944-1946

DE VIGAN
- No et moi

DICKER
- La Vérité sur l'affaire Harry Quebert

DIDEROT
- Supplément au Voyage de Bougainville

DUMAS
- Les Trois
  Mousquetaires

ÉNARD
- Parlez-leur
  de batailles,
  de rois et
  d'éléphants

FERRARI
- Le Sermon sur la
  chute de Rome

FLAUBERT
- Madame Bovary

FRANK
- Journal
  d'Anne Frank

FRED VARGAS
- Pars vite et
  reviens tard

GARY
- La Vie devant soi

GAUDÉ
- La Mort du
  roi Tsongor
- Le Soleil des
  Scorta

GAUTIER
- La Morte
  amoureuse
- Le Capitaine
  Fracasse

GAVALDA
- 35 kilos d'espoir

GIDE
- Les
  Faux-Monnayeurs

GIONO
- Le Grand
  Troupeau
- Le Hussard
  sur le toit

GIRAUDOUX
- La guerre de
  Troie
  n'aura pas lieu

GOLDING
- Sa Majesté des
  Mouches

GRIMBERT
- Un secret

HEMINGWAY
- Le Vieil Homme
  et la Mer

HESSEL
- Indignez-vous !

HOMÈRE
- L'Odyssée

HUGO
- Le Dernier Jour
  d'un condamné
- Les Misérables
- Notre-Dame
  de Paris

HUXLEY
- Le Meilleur
  des mondes

IONESCO
- Rhinocéros
- La Cantatrice
  chauve

JARY
- Ubu roi

JENNI
- L'Art français
  de la guerre

JOFFO
- Un sac de billes

KAFKA
- La Métamorphose

KEROUAC
- Sur la route

KESSEL
- Le Lion

LARSSON
- Millenium 1. Les
  hommes qui
  n'aimaient pas
  les femmes

LE CLÉZIO
- Mondo

LEVI
- Si c'est un
  homme

LEVY
- Et si c'était vrai…

MAALOUF
- Léon l'Africain

MALRAUX
- La Condition humaine

MARIVAUX
- La Double Inconstance
- Le Jeu de l'amour et du hasard

MARTINEZ
- Du domaine des murmures

MAUPASSANT
- Boule de suif
- Le Horla
- Une vie

MAURIAC
- Le Nœud de vipères

MAURIAC
- Le Sagouin

MÉRIMÉE
- Tamango
- Colomba

MERLE
- La mort est mon métier

MOLIÈRE
- Le Misanthrope
- L'Avare
- Le Bourgeois gentilhomme

MONTAIGNE
- Essais

MORPURGO
- Le Roi Arthur

MUSSET
- Lorenzaccio

MUSSO
- Que serais-je sans toi ?

NOTHOMB
- Stupeur et Tremblements

ORWELL
- La Ferme des animaux
- 1984

PAGNOL
- La Gloire de mon père

PANCOL
- Les Yeux jaunes des crocodiles

PASCAL
- Pensées

PENNAC
- Au bonheur des ogres

POE
- La Chute de la maison Usher

PROUST
- Du côté de chez Swann

QUENEAU
- Zazie dans le métro

QUIGNARD
- Tous les matins du monde

RABELAIS
- Gargantua

RACINE
- Andromaque
- Britannicus
- Phèdre

ROUSSEAU
- Confessions

ROSTAND
- Cyrano de Bergerac

ROWLING
- Harry Potter à l'école des sorciers

SAINT-EXUPÉRY
- Le Petit Prince
- Vol de nuit

SARTRE
- Huis clos
- La Nausée
- Les Mouches

SCHLINK
- Le Liseur

SCHMITT
- La Part de l'autre
- Oscar et la Dame rose

SEPULVEDA
- Le Vieux qui lisait des romans d'amour

SHAKESPEARE
- Roméo et Juliette

SIMENON
- Le Chien jaune

STEEMAN
- L'Assassin habite au 21

STEINBECK
- Des souris et des hommes

STENDHAL
- Le Rouge et le Noir

STEVENSON
- L'Île au trésor

SÜSKIND
- Le Parfum

TOLSTOÏ
- Anna Karénine

TOURNIER
- Vendredi ou la Vie sauvage

TOUSSAINT
- Fuir

UHLMAN
- L'Ami retrouvé

VERNE
- Le Tour du monde en 80 jours
- Vingt mille lieues sous les mers
- Voyage au centre de la terre

VIAN
- L'Écume des jours

VOLTAIRE
- Candide

WELLS
- La Guerre des mondes

YOURCENAR
- Mémoires d'Hadrien

ZOLA
- Au bonheur des dames
- L'Assommoir
- Germinal

ZWEIG
- Le Joueur d'échecs